IF FOUND, PLEASE RETURN TO:

NAME:

ADDRESS:

PHONE NUMBER:

E-MAIL:

M♡M'S
ONE
LINE
A DAY

A FIVE-YEAR MEMORY BOOK

CHRONICLE BOOKS
San Francisco

Illustration by Nathalie Lété.

ISBN 978-1-4521-8072-4

Manufactured in China.

Design by Rachel Harrell.

10 9 8 7 6 5 4 3

Chronicle Books LLC
680 Second Street
San Francisco, California 94107

www.chroniclebooks.com

A condensed, comparative record
for five years, for recording events
most worthy of remembrance.

———

HOW TO USE THIS BOOK

To begin, turn to today's calendar date and fill in
the year at the top of the page's first entry. Here,
you can add your thoughts on the present day's
events. On the next day, turn the page and fill in
the year accordingly. Do likewise throughout the
year. When the year has ended, start the next year
in the second entry space on the page, and so on
through the remaining years.

20____ _____
_____
_____
_____
_____

20____ _____
_____
_____
_____
_____

20____ _____
_____
_____
_____
_____

20____ _____
_____
_____
_____
_____

20____ _____
_____
_____
_____
_____

20_____ _____

_____

_____

_____

_____

20_____ _____

_____

_____

_____

_____

20_____ _____

_____

_____

_____

_____

20_____ _____

_____

_____

_____

_____

20_____ _____

_____

_____

_____

_____

JANUARY 3

20

20

20

20

20

20___

20___

20___

20___

20___

20___

20___

20___

20___

20___

20___

20___

20___

20___

20___

20___ _____

20___ _____

20___ _____

20___ _____

20___ _____

20 _____ _____

_____

_____

_____

_____

20 _____ _____

_____

_____

_____

_____

20 _____ _____

_____

_____

_____

_____

20 _____ _____

_____

_____

_____

_____

20 _____ _____

_____

_____

_____

_____

20 ___ _____
_____
_____
_____
_____

20 ___ _____
_____
_____
_____
_____

20 ___ _____
_____
_____
_____
_____

20 ___ _____
_____
_____
_____
_____

20 ___ _____
_____
_____
_____
_____

20___ _____
_____
_____
_____
_____

20___ _____
_____
_____
_____
_____

20___ _____
_____
_____
_____
_____

20___ _____
_____
_____
_____
_____

20___ _____
_____
_____
_____
_____

20___

20___

20___

20___

20___

20 _____ _____
_____
_____
_____
_____

20 _____ _____
_____
_____
_____
_____

20 _____ _____
_____
_____
_____
_____

20 _____ _____
_____
_____
_____
_____

20 _____ _____
_____
_____
_____
_____

20 ___

20 ___

20 ___

20 ___

20 ___

20___

20___

20___

20___

20___

20 ___ _____

_____

_____

_____

_____

20 ___ _____

_____

_____

_____

_____

20 ___ _____

_____

_____

_____

_____

20 ___ _____

_____

_____

_____

_____

20 ___ _____

_____

_____

_____

_____

20___ _____

20___ _____

20___ _____

20___ _____

20___ _____

20 _____ _____

20 _____ _____

20 _____ _____

20 _____ _____

20 _____ _____

20___

_____

_____

_____

_____

_____

20___

_____

_____

_____

_____

_____

20___

_____

_____

_____

_____

_____

20___

_____

_____

_____

_____

_____

20___

_____

_____

_____

_____

_____

20____ _____

20____ _____

20____ _____

20____ _____

20____ _____

20____

_____

_____

_____

_____

_____

20____

_____

_____

_____

_____

_____

20____

_____

_____

_____

_____

_____

20____

_____

_____

_____

_____

_____

20____

_____

_____

_____

_____

_____

20 ___ _____
_____
_____
_____
_____

20 ___ _____
_____
_____
_____
_____

20 ___ _____
_____
_____
_____
_____

20 ___ _____
_____
_____
_____
_____

20 ___ _____
_____
_____
_____
_____

20___

20___

20___

20___

20___

20___ _____

_____
_____
_____
_____

20___ _____

_____
_____
_____
_____

20___ _____

_____
_____
_____
_____

20___ _____

_____
_____
_____
_____

20___ _____

_____
_____
_____
_____

20___ _____
_____
_____
_____
_____

20___ _____
_____
_____
_____
_____

20___ _____
_____
_____
_____
_____

20___ _____
_____
_____
_____
_____

20___ _____
_____
_____
_____
_____

20___ _____

_____

_____

_____

_____

20___ _____

_____

_____

_____

_____

20___ _____

_____

_____

_____

_____

20___ _____

_____

_____

_____

_____

20___ _____

_____

_____

_____

_____

JANUARY 26

20___

20___

20___

20___

20___

20___ _____
_____
_____
_____
_____

20___ _____
_____
_____
_____
_____

20___ _____
_____
_____
_____
_____

20___ _____
_____
_____
_____
_____

20___ _____
_____
_____
_____
_____

JANUARY 28

20 ___

20 ___

20 ___

20 ___

20 ___

20 ___

20 ___

20 ___

20 ___

20 ___

20___ _____
_____
_____
_____
_____

20___ _____
_____
_____
_____
_____

20___ _____
_____
_____
_____
_____

20___ _____
_____
_____
_____
_____

20___ _____
_____
_____
_____
_____

20 ___ _____

_____

_____

_____

_____

20 ___ _____

_____

_____

_____

_____

20 ___ _____

_____

_____

_____

_____

20 ___ _____

_____

_____

_____

_____

20 ___ _____

_____

_____

_____

_____

20___ _____

20___ _____

20___ _____

20___ _____

20___ _____

20___

20___

20___

20___

20___

20___

_____
_____
_____
_____
_____

20___

_____
_____
_____
_____
_____

20___

_____
_____
_____
_____
_____

20___

_____
_____
_____
_____
_____

20___

_____
_____
_____
_____
_____

20___ _____

_____
_____
_____
_____

20___ _____

_____
_____
_____
_____

20___ _____

_____
_____
_____
_____

20___ _____

_____
_____
_____
_____

20___ _____

_____
_____
_____
_____

20___

20___

20___

20___

20___

20___

20___

20___

20___

20___

20___ _____

_____

_____

_____

_____

20___ _____

_____

_____

_____

_____

20___ _____

_____

_____

_____

_____

20___ _____

_____

_____

_____

_____

20___ _____

_____

_____

_____

_____

20___ _____

20___ _____

20___ _____

20___ _____

20___ _____

FEBRUARY 9

20___

20___

20___

20___

20___

20___

20___

20___

20___

20___

20___ _____

20___ _____

20___ _____

20___ _____

20___ _____

20 _____ _____
_____
_____
_____
_____

20 _____ _____
_____
_____
_____
_____

20 _____ _____
_____
_____
_____
_____

20 _____ _____
_____
_____
_____
_____

20 _____ _____
_____
_____
_____
_____

20____

20____

20____

20____

20____

FEBRUARY 14

20____

20____

20____

20____

20____

20 _____ _____

_____

_____

_____

_____

20 _____ _____

_____

_____

_____

_____

20 _____ _____

_____

_____

_____

_____

20 _____ _____

_____

_____

_____

_____

20 _____ _____

_____

_____

_____

_____

20 ___ _____

_____

_____

_____

_____

20 ___ _____

_____

_____

_____

_____

20 ___ _____

_____

_____

_____

_____

20 ___ _____

_____

_____

_____

_____

20 ___ _____

_____

_____

_____

_____

20___ _____

_____

_____

_____

_____

20___ _____

_____

_____

_____

_____

20___ _____

_____

_____

_____

20___ _____

_____

_____

_____

_____

20___ _____

_____

_____

_____

_____

20___ _____

_____

_____

_____

_____

20___ _____

_____

_____

_____

_____

20___ _____

_____

_____

_____

_____

20___ _____

_____

_____

_____

_____

20___ _____

_____

_____

_____

_____

20___ _____

_____

_____

_____

_____

20___ _____

_____

_____

_____

_____

20___ _____

_____

_____

_____

_____

20___ _____

_____

_____

_____

_____

20___ _____

_____

_____

_____

_____

20 ___

20 ___

20 ___

20 ___

20 ___

20 _____ _____

_____

_____

_____

_____

20 _____ _____

_____

_____

_____

_____

20 _____ _____

_____

_____

_____

_____

20 _____ _____

_____

_____

_____

_____

20 _____ _____

_____

_____

_____

_____

20____ _____

_____
_____
_____
_____

20____ _____

_____
_____
_____
_____

20____ _____

_____
_____
_____

20____ _____

_____
_____
_____
_____

20____ _____

_____
_____
_____
_____

FEBRUARY 23

20___ _____

_____
_____
_____
_____

20___ _____

_____
_____
_____
_____

20___ _____

_____
_____
_____
_____

20___ _____

_____
_____
_____
_____

20___ _____

_____
_____
_____
_____

20 _____ _____
_____
_____
_____
_____

20 _____ _____
_____
_____
_____
_____

20 _____ _____
_____
_____
_____
_____

20 _____ _____
_____
_____
_____
_____

20 _____ _____
_____
_____
_____
_____

20 ___ _____

_____

_____

_____

_____

20 ___ _____

_____

_____

_____

_____

20 ___ _____

_____

_____

_____

_____

20 ___ _____

_____

_____

_____

_____

20 ___ _____

_____

_____

_____

_____

20 ___ _____

_____

_____

_____

_____

20 ___ _____

_____

_____

_____

_____

20 ___ _____

_____

_____

_____

_____

20 ___ _____

_____

_____

_____

_____

20 ___ _____

_____

_____

_____

_____

20 _____ _____

_____

_____

_____

_____

20 _____ _____

_____

_____

_____

_____

20 _____ _____

_____

_____

_____

_____

20 _____ _____

_____

_____

_____

_____

20 _____ _____

_____

_____

_____

_____

20___ _____

_____

_____

_____

_____

20___ _____

_____

_____

_____

_____

20___ _____

_____

_____

_____

_____

20___ _____

_____

_____

_____

_____

20___ _____

_____

_____

_____

_____

20 _____ _____

_____

_____

_____

_____

20 _____ _____

_____

_____

_____

_____

20 _____ _____

_____

_____

_____

_____

20 _____ _____

_____

_____

_____

_____

20 _____ _____

_____

_____

_____

_____

20 _____ _____

20 _____ _____

20 _____ _____

20 _____ _____

20 _____ _____

20 ___ _____

_____

_____

_____

_____

20 ___ _____

_____

_____

_____

_____

20 ___ _____

_____

_____

_____

_____

20 ___ _____

_____

_____

_____

_____

20 ___ _____

_____

_____

_____

_____

20 ___ _____
_____
_____
_____
_____

20 ___ _____
_____
_____
_____
_____

20 ___ _____
_____
_____
_____
_____

20 ___ _____
_____
_____
_____
_____

20 ___ _____
_____
_____
_____
_____

20___

_____

_____

_____

_____

20___

_____

_____

_____

_____

20___

_____

_____

_____

_____

20___

_____

_____

_____

_____

20___

_____

_____

_____

_____

20___ _____

_____

_____

_____

_____

20___ _____

_____

_____

_____

_____

20___ _____

_____

_____

_____

_____

20___ _____

_____

_____

_____

_____

20___ _____

_____

_____

_____

_____

MARCH 6

20___

20___

20___

20___

20___

20____ _____

_____

_____

_____

_____

20____ _____

_____

_____

_____

_____

20____ _____

_____

_____

_____

_____

20____ _____

_____

_____

_____

_____

20____ _____

_____

_____

_____

_____

20___

20___

20___

20___

20___

20___ _____

_____

_____

_____

_____

20___ _____

_____

_____

_____

_____

20___ _____

_____

_____

_____

_____

20___ _____

_____

_____

_____

_____

20___ _____

_____

_____

_____

_____

20___

20___

20___

20___

20___

20___

20___

20___

20___

20___

MARCH 12

20___

20___

20___

20___

20___

20 _____ _____

20 _____ _____

20 _____ _____

20 _____ _____

20 _____ _____

20 ___ _____

_____

_____

_____

_____

20 ___ _____

_____

_____

_____

_____

20 ___ _____

_____

_____

_____

_____

20 ___ _____

_____

_____

_____

_____

20 ___ _____

_____

_____

_____

_____

20____

_____

_____

_____

_____

_____

20____

_____

_____

_____

_____

_____

20____

_____

_____

_____

_____

_____

20____

_____

_____

_____

_____

_____

20____

_____

_____

_____

_____

_____

20___ _____
_____
_____
_____
_____

20___ _____
_____
_____
_____
_____

20___ _____
_____
_____
_____
_____

20___ _____
_____
_____
_____
_____

20___ _____
_____
_____
_____
_____

20___

20___

20___

20___

20___

20____

20____

20____

20____

20____

20 ___ _____

_____

_____

_____

_____

20 ___ _____

_____

_____

_____

_____

20 ___ _____

_____

_____

_____

_____

20 ___ _____

_____

_____

_____

_____

20 ___ _____

_____

_____

_____

_____

20 ___ _____

_____

_____

_____

_____

20 ___ _____

_____

_____

_____

_____

20 ___ _____

_____

_____

_____

_____

20 ___ _____

_____

_____

_____

_____

20 ___ _____

_____

_____

_____

_____

20____ _____

_____

_____

_____

_____

20____ _____

_____

_____

_____

_____

20____ _____

_____

_____

_____

_____

20____ _____

_____

_____

_____

_____

20____ _____

_____

_____

_____

_____

20___

_____

_____

_____

_____

_____

20___

_____

_____

_____

_____

_____

20___

_____

_____

_____

_____

20___

_____

_____

_____

_____

_____

20___

_____

_____

_____

_____

_____

20___

20___

20___

20___

20___

20 ___ _____
_____
_____
_____
_____

20 ___ _____
_____
_____
_____
_____

20 ___ _____
_____
_____
_____
_____

20 ___ _____
_____
_____
_____
_____

20 ___ _____
_____
_____
_____
_____

20___

20___

20___

20___

20___

20___ _____
_____
_____
_____
_____

20___ _____
_____
_____
_____
_____

20___ _____
_____
_____
_____
_____

20___ _____
_____
_____
_____
_____

20___ _____
_____
_____
_____
_____

20_____ _____

_____

_____

_____

_____

20_____ _____

_____

_____

_____

_____

20_____ _____

_____

_____

_____

_____

20_____ _____

_____

_____

_____

_____

20_____ _____

_____

_____

_____

_____

20___

20___

20___

20___

20___

20 _____ _____

_____

_____

_____

_____

20 _____ _____

_____

_____

_____

_____

20 _____ _____

_____

_____

_____

_____

20 _____ _____

_____

_____

_____

_____

20 _____ _____

_____

_____

_____

_____

20___

20___

20___

20___

20___

20___ _____

_____

_____

_____

_____

20___ _____

_____

_____

_____

_____

20___ _____

_____

_____

_____

_____

20___ _____

_____

_____

_____

_____

20___ _____

_____

_____

_____

_____

20____

20____

20____

20____

20____

20___ _____

20___ _____

20___ _____

20___ _____

20___ _____

20___ _____
_____
_____
_____
_____

20___ _____
_____
_____
_____
_____

20___ _____
_____
_____
_____
_____

20___ _____
_____
_____
_____
_____

20___ _____
_____
_____
_____
_____

20___

20___

20___

20___

20___

20___

_____

20___

_____

20___

_____

20___

_____

20___

_____

20___

20___

20___

20___

20___

20____ _____

_____

_____

_____

_____

20____ _____

_____

_____

_____

_____

20____ _____

_____

_____

_____

_____

20____ _____

_____

_____

_____

_____

20____ _____

_____

_____

_____

_____

20____ _____
_____
_____
_____
_____

20____ _____
_____
_____
_____
_____

20____ _____
_____
_____
_____

20____ _____
_____
_____
_____
_____

20____ _____
_____
_____
_____
_____

20___ _____

20___ _____

20___ _____

20___ _____

20___ _____

20___

20___

20___

20___

20___

20___

20___

20___

20___

20___

20 ___ _____

_____

_____

_____

_____

20 ___ _____

_____

_____

_____

_____

20 ___ _____

_____

_____

_____

_____

20 ___ _____

_____

_____

_____

_____

20 ___ _____

_____

_____

_____

_____

20___

20___

20___

20___

20___

20___ _____

_____

_____

_____

_____

20___ _____

_____

_____

_____

_____

20___ _____

_____

_____

_____

_____

20___ _____

_____

_____

_____

_____

20___ _____

_____

_____

_____

_____

20___

20___

20___

20___

20___

20____

_____

_____

_____

_____

20____

_____

_____

_____

_____

20____

_____

_____

_____

_____

20____

_____

_____

_____

_____

20____

_____

_____

_____

_____

20____ _____

_____

_____

_____

_____

20____ _____

_____

_____

_____

_____

20____ _____

_____

_____

_____

_____

20____ _____

_____

_____

_____

_____

20____ _____

_____

_____

_____

_____

20 ___ _____

_____

_____

_____

_____

20 ___ _____

_____

_____

_____

_____

20 ___ _____

_____

_____

_____

_____

20 ___ _____

_____

_____

_____

_____

20 ___ _____

_____

_____

_____

_____

20_____ _____

_____
_____
_____
_____

20_____ _____

_____
_____
_____
_____

20_____ _____

_____
_____
_____
_____

20_____ _____

_____
_____
_____
_____

20_____ _____

_____
_____
_____
_____

20 ___

20 ___

20 ___

20 ___

20 ___

20___

20___

20___

20___

20___

20 ___ _____
_____
_____
_____
_____

20 ___ _____
_____
_____
_____
_____

20 ___ _____
_____
_____
_____
_____

20 ___ _____
_____
_____
_____
_____

20 ___ _____
_____
_____
_____
_____

20___ _____
_____
_____
_____
_____

20___ _____
_____
_____
_____
_____

20___ _____
_____
_____
_____
_____

20___ _____
_____
_____
_____
_____

20___ _____
_____
_____
_____
_____

20___

_____

20___

_____

20___

_____

20___

_____

20___

_____

20___

20___

20___

20___

20___

20 ___ _____

_____
_____
_____
_____

20 ___ _____

_____
_____
_____
_____

20 ___ _____

_____
_____
_____
_____

20 ___ _____

_____
_____
_____
_____

20 ___ _____

_____
_____
_____
_____

20___ _____
_____
_____
_____
_____

20___ _____
_____
_____
_____
_____

20___ _____
_____
_____
_____
_____

20___ _____
_____
_____
_____
_____

20___ _____
_____
_____
_____
_____

20___ _____
_____
_____
_____
_____

20___ _____
_____
_____
_____
_____

20___ _____
_____
_____
_____
_____

20___ _____
_____
_____
_____
_____

20___ _____
_____
_____
_____
_____

20___ _____
_____
_____
_____
_____

20___ _____
_____
_____
_____
_____

20___ _____
_____
_____
_____
_____

20___ _____
_____
_____
_____
_____

20___ _____
_____
_____
_____
_____

20 ___ _____

_____

_____

_____

_____

20 ___ _____

_____

_____

_____

_____

20 ___ _____

_____

_____

_____

_____

20 ___ _____

_____

_____

_____

_____

20 ___ _____

_____

_____

_____

_____

20___

20___

20___

20___

20___

20___ _____

_____

_____

_____

_____

20___ _____

_____

_____

_____

_____

20___ _____

_____

_____

_____

_____

20___ _____

_____

_____

_____

_____

20___ _____

_____

_____

_____

_____

20_____

20_____

20_____

20_____

20_____

20____ _____

20____ _____

20____ _____

20____ _____

20____ _____

20___

_____

20___

_____

20___

_____

20___

_____

20___

_____

20 ___

20 ___

20 ___

20 ___

20 ___

20____

20____

20____

20____

20____

20 ___ _____

_____
_____
_____
_____

20 ___ _____

_____
_____
_____
_____

20 ___ _____

_____
_____
_____
_____

20 ___ _____

_____
_____
_____
_____

20 ___ _____

_____
_____
_____
_____

20____ _____
_____
_____
_____
_____

20____ _____
_____
_____
_____
_____

20____ _____
_____
_____
_____
_____

20____ _____
_____
_____
_____
_____

20____ _____
_____
_____
_____
_____

20___

20___

20___

20___

20___

20___

20___

20___

20___

20___

20___

20___

20___

20___

20___

20 ___

20 ___

20 ___

20 ___

20 ___

20____

20____

20____

20____

20____

20___ _____

_____

_____

_____

_____

20___ _____

_____

_____

_____

_____

20___ _____

_____

_____

_____

_____

20___ _____

_____

_____

_____

_____

20___ _____

_____

_____

_____

_____

20___

20___

20___

20___

20___

20____ _____

_____

_____

_____

_____

20____ _____

_____

_____

_____

_____

20____ _____

_____

_____

_____

20____ _____

_____

_____

_____

_____

20____ _____

_____

_____

_____

_____

20___ _____
_____
_____
_____
_____

20___ _____
_____
_____
_____
_____

20___ _____
_____
_____
_____
_____

20___ _____
_____
_____
_____
_____

20___ _____
_____
_____
_____
_____

20 ___ _____

_____

_____

_____

_____

20 ___ _____

_____

_____

_____

_____

20 ___ _____

_____

_____

_____

_____

20 ___ _____

_____

_____

_____

_____

20 ___ _____

_____

_____

_____

_____

20 _____ _____
_____
_____
_____
_____
_____

20 _____ _____
_____
_____
_____
_____
_____

20 _____ _____
_____
_____
_____
_____
_____

20 _____ _____
_____
_____
_____
_____
_____

20 _____ _____
_____
_____
_____
_____
_____

20____ _____

_____

_____

_____

_____

20____ _____

_____

_____

_____

_____

20____ _____

_____

_____

_____

_____

20____ _____

_____

_____

_____

_____

20____ _____

_____

_____

_____

_____

20 ___ _____

_____

_____

_____

_____

20 ___ _____

_____

_____

_____

_____

20 ___ _____

_____

_____

_____

_____

20 ___ _____

_____

_____

_____

_____

20 ___ _____

_____

_____

_____

_____

20___

20___

20___

20___

20___

20 ___ _____

_____

_____

_____

_____

20 ___ _____

_____

_____

_____

_____

20 ___ _____

_____

_____

_____

_____

20 ___ _____

_____

_____

_____

_____

20 ___ _____

_____

_____

_____

_____

20 ___ _____

_____

_____

_____

_____

20 ___ _____

_____

_____

_____

_____

20 ___ _____

_____

_____

_____

_____

20 ___ _____

_____

_____

_____

_____

20 ___ _____

_____

_____

_____

_____

20 ___

20 ___

20 ___

20 ___

20 ___

20 ___ _____
_____
_____
_____
_____

20 ___ _____
_____
_____
_____
_____

20 ___ _____
_____
_____
_____
_____

20 ___ _____
_____
_____
_____
_____

20 ___ _____
_____
_____
_____
_____

20 ___ _____

20 ___ _____

20 ___ _____

20 ___ _____

20 ___ _____

20 _____ _____

_____

_____

_____

_____

20 _____ _____

_____

_____

_____

_____

20 _____ _____

_____

_____

_____

_____

20 _____ _____

_____

_____

_____

_____

20 _____ _____

_____

_____

_____

_____

20___ _____

_____

_____

_____

_____

20___ _____

_____

_____

_____

_____

20___ _____

_____

_____

_____

_____

20___ _____

_____

_____

_____

_____

20___ _____

_____

_____

_____

_____

MAY 31

20___ _____

_____

_____

_____

_____

20___ _____

_____

_____

_____

_____

20___ _____

_____

_____

_____

_____

20___ _____

_____

_____

_____

_____

20___ _____

_____

_____

_____

_____

20 ___ _____
_____
_____
_____
_____

20 ___ _____
_____
_____
_____
_____

20 ___ _____
_____
_____
_____
_____

20 ___ _____
_____
_____
_____
_____

20 ___ _____
_____
_____
_____
_____

20___

20___

20___

20___

20___

20 _____ _____

_____

_____

_____

_____

20 _____ _____

_____

_____

_____

_____

20 _____ _____

_____

_____

_____

_____

20 _____ _____

_____

_____

_____

_____

20 _____ _____

_____

_____

_____

_____

20___

20___

20___

20___

20___

20___

20___

20___

20___

20___

20___ _____
_____
_____
_____
_____

20___ _____
_____
_____
_____
_____

20___ _____
_____
_____
_____
_____

20___ _____
_____
_____
_____
_____

20___ _____
_____
_____
_____
_____

20___

20___

20___

20___

20___

20____ _____
_____
_____
_____
_____

20____ _____
_____
_____
_____
_____

20____ _____
_____
_____
_____
_____

20____ _____
_____
_____
_____
_____

20____ _____
_____
_____
_____
_____

20___

20___

20___

20___

20___

20___ _____

20___ _____

20___ _____

20___ _____

20___ _____

20___

_____

_____

_____

_____

_____

20___

_____

_____

_____

_____

_____

20___

_____

_____

_____

_____

_____

20___

_____

_____

_____

_____

_____

20___

_____

_____

_____

_____

20___

20___

20___

20___

20___

20 ___ _____
_____
_____
_____
_____

20 ___ _____
_____
_____
_____
_____

20 ___ _____
_____
_____
_____
_____

20 ___ _____
_____
_____
_____
_____

20 ___ _____
_____
_____
_____
_____

20 ___ _____

_____

_____

_____

_____

20 ___ _____

_____

_____

_____

_____

20 ___ _____

_____

_____

_____

_____

20 ___ _____

_____

_____

_____

_____

20 ___ _____

_____

_____

_____

_____

20___

20___

20___

20___

20___

20___

20___

20___

20___

20___

JUNE 17

20 ___ _____

20 ___ _____

20 ___ _____

20 ___ _____

20 ___ _____

20 ___

20 ___

20 ___

20 ___

20 ___

20 ___

20 ___

20 ___

20 ___

20 ___

20____ _____

_____

_____

_____

_____

20____ _____

_____

_____

_____

_____

20____ _____

_____

_____

_____

_____

20____ _____

_____

_____

_____

_____

20____ _____

_____

_____

_____

_____

20___ _____

_____

_____

_____

_____

20___ _____

_____

_____

_____

_____

20___ _____

_____

_____

_____

_____

20___ _____

_____

_____

_____

_____

20___ _____

_____

_____

_____

_____

20____ _____
_____
_____
_____
_____

20____ _____
_____
_____
_____
_____

20____ _____
_____
_____
_____
_____

20____ _____
_____
_____
_____
_____

20____ _____
_____
_____
_____
_____

20____

_____

_____

_____

_____

_____

20____

_____

_____

_____

_____

_____

20____

_____

_____

_____

_____

_____

20____

_____

_____

_____

_____

_____

20____

_____

_____

_____

_____

_____

20 ___ _____

20 ___ _____

20 ___ _____

20 ___ _____

20 ___ _____

20 ___

20 ___

20 ___

20 ___

20 ___

20____ _____
_____
_____
_____
_____

20____ _____
_____
_____
_____
_____

20____ _____
_____
_____
_____
_____

20____ _____
_____
_____
_____
_____

20____ _____
_____
_____
_____
_____

20

_____

_____

_____

_____

_____

20

_____

_____

_____

_____

_____

20

_____

_____

_____

_____

_____

20

_____

_____

_____

_____

_____

20

_____

_____

_____

_____

_____

20___

20___

20___

20___

20___

20____ _____

20____ _____

20____ _____

20____ _____

20____ _____

20___

20___

20___

20___

20___

20 ___ _____

_____

_____

_____

_____

20 ___ _____

_____

_____

_____

_____

20 ___ _____

_____

_____

_____

_____

20 ___ _____

_____

_____

_____

_____

20 ___ _____

_____

_____

_____

_____

20___ _____
_____
_____
_____
_____

20___ _____
_____
_____
_____
_____

20___ _____
_____
_____
_____
_____

20___ _____
_____
_____
_____
_____

20___ _____
_____
_____
_____
_____

20 ___ _____

_____

_____

_____

_____

20 ___ _____

_____

_____

_____

20 ___ _____

_____

_____

_____

20 ___ _____

_____

_____

_____

20 ___ _____

_____

_____

_____

20___

_____

_____

_____

_____

_____

20___

_____

_____

_____

_____

_____

20___

_____

_____

_____

_____

_____

20___

_____

_____

_____

_____

_____

20___

_____

_____

_____

_____

_____

20___

20___

20___

20___

20___

20___

20___

20___

20___

20___

20___

20___

20___

20___

20___

20___

20___

20___

20___

20___

JULY 9

20___ _____

_____

_____

_____

_____

20___ _____

_____

_____

_____

_____

20___ _____

_____

_____

_____

_____

20___ _____

_____

_____

_____

_____

20___ _____

_____

_____

_____

_____

20 ___ _____

_____

_____

_____

_____

20 ___ _____

_____

_____

_____

_____

20 ___ _____

_____

_____

_____

_____

20 ___ _____

_____

_____

_____

_____

20 ___ _____

_____

_____

_____

_____

20 ___ _____

_____

_____

_____

_____

20 ___ _____

_____

_____

_____

_____

20 ___ _____

_____

_____

_____

_____

20 ___ _____

_____

_____

_____

_____

20 ___ _____

_____

_____

_____

_____

20____

_____

_____

_____

_____

20____

_____

_____

_____

_____

20____

_____

_____

_____

_____

20____

_____

_____

_____

_____

20____

_____

_____

_____

_____

20 _____ _____

_____

_____

_____

_____

20 _____ _____

_____

_____

_____

_____

20 _____ _____

_____

_____

_____

_____

20 _____ _____

_____

_____

_____

_____

20 _____ _____

_____

_____

_____

_____

20 _____ _____

_____

_____

_____

_____

20 _____ _____

_____

_____

_____

_____

20 _____ _____

_____

_____

_____

_____

20 _____ _____

_____

_____

_____

_____

20 _____ _____

_____

_____

_____

_____

JULY 15

20____

20____

20____

20____

20____

20 ___ _____

20 ___ _____

20 ___ _____

20 ___ _____

20 ___ _____

20___

_____

_____

_____

_____

_____

20___

_____

_____

_____

_____

_____

20___

_____

_____

_____

_____

_____

20___

_____

_____

_____

_____

_____

20___

_____

_____

_____

_____

_____

20 _____ _____
_____
_____
_____
_____

20 _____ _____
_____
_____
_____
_____

20 _____ _____
_____
_____
_____
_____

20 _____ _____
_____
_____
_____
_____

20 _____ _____
_____
_____
_____
_____

20 ___ _____

20 ___ _____

20 ___ _____

20 ___ _____

20 ___ _____

20 _____ _____

_____

_____

_____

_____

20 _____ _____

_____

_____

_____

_____

20 _____ _____

_____

_____

_____

_____

20 _____ _____

_____

_____

_____

_____

20 _____ _____

_____

_____

_____

_____

JULY 21

20 __

20 __

20 __

20 __

20 __

20___ _____
_____
_____
_____
_____

20___ _____
_____
_____
_____
_____

20___ _____
_____
_____
_____
_____

20___ _____
_____
_____
_____
_____

20___ _____
_____
_____
_____
_____

20 _____ _____

_____

_____

_____

_____

_____

20 _____ _____

_____

_____

_____

_____

_____

20 _____ _____

_____

_____

_____

_____

_____

20 _____ _____

_____

_____

_____

_____

_____

20 _____ _____

_____

_____

_____

_____

_____

20 ___

20 ___

20 ___

20 ___

20 ___

20

20

20

20

20

20___

20___

20___

20___

20___

20___

20___

20___

20___

20___

20____ _____
_____
_____
_____
_____

20____ _____
_____
_____
_____
_____

20____ _____
_____
_____
_____
_____

20____ _____
_____
_____
_____
_____

20____ _____
_____
_____
_____
_____

20___

20___

20___

20___

20___

20___

20___

20___

20___

20___

20_____ _____

_____

_____

_____

_____

20_____ _____

_____

_____

_____

_____

20_____ _____

_____

_____

_____

_____

20_____ _____

_____

_____

_____

_____

20_____ _____

_____

_____

_____

_____

20___ _____

_____

_____

_____

_____

20___ _____

_____

_____

_____

_____

20___ _____

_____

_____

_____

_____

20___ _____

_____

_____

_____

_____

20___ _____

_____

_____

_____

_____

AUGUST 2

20___

20___

20___

20___

20___

20____

_____

20____

_____

20____

_____

20____

_____

20____

_____

20___

20___

20___

20___

20___

20___

20___

20___

20___

20___

20____

20____

20____

20____

20____

20 ___ _____

20 ___ _____

20 ___ _____

20 ___ _____

20 ___ _____

20___

20___

20___

20___

20___

20____ _____

20____ _____

20____ _____

20____ _____

20____ _____

20 __ _____
_____
_____
_____
_____
_____

20 __ _____
_____
_____
_____
_____
_____

20 __ _____
_____
_____
_____
_____
_____

20 __ _____
_____
_____
_____
_____
_____

20 __ _____
_____
_____
_____
_____
_____

20____

20____

20____

20____

20____

20 ___ _____

_____

_____

_____

_____

20 ___ _____

_____

_____

_____

_____

20 ___ _____

_____

_____

_____

20 ___ _____

_____

_____

_____

_____

20 ___ _____

_____

_____

_____

_____

20___

20___

20___

20___

20___

20 ___

20 ___

20 ___

20 ___

20 ___

20___

20___

20___

20___

20___

20___

_____

20___

_____

20___

_____

20___

_____

20___

_____

20

20

20

20

20

20 ___

20 ___

20 ___

20 ___

20 ___

20 ___ _____

_____

_____

_____

_____

20 ___ _____

_____

_____

_____

_____

20 ___ _____

_____

_____

_____

_____

20 ___ _____

_____

_____

_____

_____

20 ___ _____

_____

_____

_____

_____

20 ___ _____

_____

_____

_____

_____

20 ___ _____

_____

_____

_____

_____

20 ___ _____

_____

_____

_____

_____

20 ___ _____

_____

_____

_____

_____

20 ___ _____

_____

_____

_____

_____

20____ _____

_____

_____

_____

_____

20____ _____

_____

_____

_____

_____

20____ _____

_____

_____

_____

_____

20____ _____

_____

_____

_____

_____

20____ _____

_____

_____

_____

_____

20 ___ _____

_____

_____

_____

_____

20 ___ _____

_____

_____

_____

_____

20 ___ _____

_____

_____

_____

_____

20 ___ _____

_____

_____

_____

_____

20 ___ _____

_____

_____

_____

_____

20___ _____

20___ _____

20___ _____

20___ _____

20___ _____

20 ___

20 ___

20 ___

20 ___

20 ___

20___

20___

20___

20___

20___

20 ___

20 ___

20 ___

20 ___

20 ___

20 ___ _____
_____
_____
_____
_____

20 ___ _____
_____
_____
_____
_____

20 ___ _____
_____
_____
_____
_____

20 ___ _____
_____
_____
_____
_____

20 ___ _____
_____
_____
_____
_____

20 ___ _____

_____

_____

_____

_____

20 ___ _____

_____

_____

_____

_____

20 ___ _____

_____

_____

_____

_____

20 ___ _____

_____

_____

_____

_____

20 ___ _____

_____

_____

_____

_____

20___ _____

_____
_____
_____
_____

20___ _____

_____
_____
_____
_____

20___ _____

_____
_____
_____
_____

20___ _____

_____
_____
_____
_____

20___ _____

_____
_____
_____
_____

20 ___

_____

_____

_____

_____

_____

20 ___

_____

_____

_____

_____

_____

20 ___

_____

_____

_____

_____

_____

20 ___

_____

_____

_____

_____

_____

20 ___

_____

_____

_____

_____

_____

20___ _____

_____

_____

_____

_____

20___ _____

_____

_____

_____

_____

20___ _____

_____

_____

_____

_____

20___ _____

_____

_____

_____

_____

20___ _____

_____

_____

_____

_____

20___ _____
_____
_____
_____
_____

20___ _____
_____
_____
_____
_____

20___ _____
_____
_____
_____
_____

20___ _____
_____
_____
_____
_____

20___ _____
_____
_____
_____
_____

20____ _____

_____

_____

_____

_____

20____ _____

_____

_____

_____

_____

20____ _____

_____

_____

_____

_____

20____ _____

_____

_____

_____

_____

20____ _____

_____

_____

_____

_____

20___

20___

20___

20___

20___

20___

20___

20___

20___

20___

20___

20___

20___

20___

20___

20 ___ _____

_____

_____

_____

_____

20 ___ _____

_____

_____

_____

_____

20 ___ _____

_____

_____

_____

_____

20 ___ _____

_____

_____

_____

_____

20 ___ _____

_____

_____

_____

_____

20___

20___

20___

20___

20___

20___

20___

20___

20___

20___

20___

20___

20___

20___

20___

20___ _____

20___ _____

20___ _____

20___ _____

20___ _____

20___

20___

20___

20___

20___

20___

20___

20___

20___

20___

20 ___ _____

_____

_____

_____

_____

20 ___ _____

_____

_____

_____

_____

20 ___ _____

_____

_____

_____

_____

20 ___ _____

_____

_____

_____

_____

20 ___ _____

_____

_____

_____

_____

20___

20___

20___

20___

20___

20___

20___

20___

20___

20___

20___

20___

20___

20___

20___

20 _____ _____

_____

_____

_____

_____

20 _____ _____

_____

_____

_____

_____

20 _____ _____

_____

_____

_____

_____

20 _____ _____

_____

_____

_____

_____

20 _____ _____

_____

_____

_____

_____

20___

_____

_____

_____

_____

_____

20___

_____

_____

_____

_____

_____

20___

_____

_____

_____

_____

_____

20___

_____

_____

_____

_____

_____

20___

_____

_____

_____

_____

_____

20____

20____

20____

20____

20____

20___

20___

20___

20___

20___

20___ _____

_____

_____

_____

_____

20___ _____

_____

_____

_____

_____

20___ _____

_____

_____

_____

_____

20___ _____

_____

_____

_____

_____

20___ _____

_____

_____

_____

_____

20 ___ _____

_____

_____

_____

_____

20 ___ _____

_____

_____

_____

_____

20 ___ _____

_____

_____

_____

_____

20 ___ _____

_____

_____

_____

_____

20 ___ _____

_____

_____

_____

_____

20 ___

20 ___

20 ___

20 ___

20 ___

20___ _____

_____

_____

_____

_____

20___ _____

_____

_____

_____

_____

20___ _____

_____

_____

_____

_____

20___ _____

_____

_____

_____

_____

20___ _____

_____

_____

_____

_____

20_____ _____

_____

_____

_____

_____

20_____ _____

_____

_____

_____

_____

20_____ _____

_____

_____

_____

_____

20_____ _____

_____

_____

_____

_____

20_____ _____

_____

_____

_____

_____

20___

20___

20___

20___

20___

20 ___

20 ___

20 ___

20 ___

20 ___

20___

20___

20___

20___

20___

20 ___ _____

20 ___ _____

20 ___ _____

20 ___ _____

20 ___ _____

20_____ _____
_____
_____
_____
_____

20_____ _____
_____
_____
_____
_____

20_____ _____
_____
_____
_____
_____

20_____ _____
_____
_____
_____
_____

20_____ _____
_____
_____
_____
_____

20___

_____

_____

_____

_____

_____

20___

_____

_____

_____

_____

_____

20___

_____

_____

_____

_____

_____

20___

_____

_____

_____

_____

_____

20___

_____

_____

_____

_____

_____

20 _____

20 _____

20 _____

20 _____

20 _____

20___

20___

20___

20___

20___

20___ _____
_____
_____
_____
_____

20___ _____
_____
_____
_____
_____

20___ _____
_____
_____
_____
_____

20___ _____
_____
_____
_____
_____

20___ _____
_____
_____
_____
_____

20 ___

_____

_____

_____

_____

_____

20 ___

_____

_____

_____

_____

_____

20 ___

_____

_____

_____

_____

_____

20 ___

_____

_____

_____

_____

_____

20 ___

_____

_____

_____

_____

_____

20___

20___

20___

20___

20___

20___ _____

20___ _____

20___ _____

20___ _____

20___ _____

20 _____ _____
_____
_____
_____
_____

20 _____ _____
_____
_____
_____
_____

20 _____ _____
_____
_____
_____
_____

20 _____ _____
_____
_____
_____
_____

20 _____ _____
_____
_____
_____
_____

20___

20___

20___

20___

20___

20___

20___

20___

20___

20___

20___ _____
_____
_____
_____
_____

20___ _____
_____
_____
_____
_____

20___ _____
_____
_____
_____
_____

20___ _____
_____
_____
_____
_____

20___ _____
_____
_____
_____
_____

20 _____ _____

_____

_____

_____

_____

20 _____ _____

_____

_____

_____

_____

20 _____ _____

_____

_____

_____

_____

20 _____ _____

_____

_____

_____

_____

20 _____ _____

_____

_____

_____

_____

20____ _____

_____

_____

_____

_____

20____ _____

_____

_____

_____

_____

20____ _____

_____

_____

_____

_____

20____ _____

_____

_____

_____

_____

20____ _____

_____

_____

_____

_____

20____

20____

20____

20____

20____

20 _____ _____

_____

_____

_____

_____

20 _____ _____

_____

_____

_____

_____

20 _____ _____

_____

_____

_____

_____

20 _____ _____

_____

_____

_____

_____

20 _____ _____

_____

_____

_____

_____

20 ___ _____
_____
_____
_____
_____
_____

20 ___ _____
_____
_____
_____
_____
_____

20 ___ _____
_____
_____
_____
_____
_____

20 ___ _____
_____
_____
_____
_____
_____

20 ___ _____
_____
_____
_____
_____
_____

20___

20___

20___

20___

20___

20 _____ _____
_____
_____
_____
_____

20 _____ _____
_____
_____
_____
_____

20 _____ _____
_____
_____
_____
_____

20 _____ _____
_____
_____
_____
_____

20 _____ _____
_____
_____
_____
_____

20 ___ _____
_____
_____
_____
_____

20 ___ _____
_____
_____
_____
_____

20 ___ _____
_____
_____
_____
_____

20 ___ _____
_____
_____
_____
_____

20 ___ _____
_____
_____
_____
_____

20 __ _____

_____

_____

_____

_____

20 __ _____

_____

_____

_____

_____

20 __ _____

_____

_____

_____

_____

20 __ _____

_____

_____

_____

_____

20 __ _____

_____

_____

_____

_____

20 _____ _____

_____

_____

_____

_____

20 _____ _____

_____

_____

_____

_____

20 _____ _____

_____

_____

_____

_____

20 _____ _____

_____

_____

_____

_____

20 _____ _____

_____

_____

_____

_____

20 ___ _____
_____
_____
_____
_____

20 ___ _____
_____
_____
_____
_____

20 ___ _____
_____
_____
_____
_____

20 ___ _____
_____
_____
_____
_____

20 ___ _____
_____
_____
_____
_____

20 ___

_____

20 ___

_____

20 ___

_____

20 ___

_____

20 ___

_____

20 ___ _____

_____

_____

_____

_____

20 ___ _____

_____

_____

_____

_____

20 ___ _____

_____

_____

_____

_____

20 ___ _____

_____

_____

_____

_____

20 ___ _____

_____

_____

_____

_____

20 _____ _____

_____

_____

_____

_____

20 _____ _____

_____

_____

_____

_____

20 _____ _____

_____

_____

_____

_____

20 _____ _____

_____

_____

_____

_____

20 _____ _____

_____

_____

_____

_____

20____

20____

20____

20____

20____

20 ___

_____

_____

_____

_____

_____

20 ___

_____

_____

_____

_____

_____

20 ___

_____

_____

_____

_____

_____

20 ___

_____

_____

_____

_____

20 ___

_____

_____

_____

_____

20___

20___

20___

20___

20___

20___

20___

20___

20___

20___

20_____ _____
_____
_____
_____
_____

20_____ _____
_____
_____
_____
_____

20_____ _____
_____
_____
_____
_____

20_____ _____
_____
_____
_____
_____

20_____ _____
_____
_____
_____
_____

20 ___

20 ___

20 ___

20 ___

20 ___

20___ _____
_____
_____
_____
_____

20___ _____
_____
_____
_____
_____

20___ _____
_____
_____
_____
_____

20___ _____
_____
_____
_____
_____

20___ _____
_____
_____
_____
_____

20____ _____
_____
_____
_____
_____

20____ _____
_____
_____
_____
_____

20____ _____
_____
_____
_____
_____

20____ _____
_____
_____
_____
_____

20____ _____
_____
_____
_____
_____

20 ___ _____
_____
_____
_____
_____

20 ___ _____
_____
_____
_____
_____

20 ___ _____
_____
_____
_____
_____

20 ___ _____
_____
_____
_____
_____

20 ___ _____
_____
_____
_____
_____

20 _____ _____
_____
_____
_____
_____

20 _____ _____
_____
_____
_____
_____

20 _____ _____
_____
_____
_____
_____

20 _____ _____
_____
_____
_____
_____

20 _____ _____
_____
_____
_____
_____

20____ _____

_____

_____

_____

_____

20____ _____

_____

_____

_____

_____

20____ _____

_____

_____

_____

_____

20____ _____

_____

_____

_____

_____

20____ _____

_____

_____

_____

_____

20 ___ _____

_____

_____

_____

_____

20 ___ _____

_____

_____

_____

_____

20 ___ _____

_____

_____

_____

_____

20 ___ _____

_____

_____

_____

_____

20 ___ _____

_____

_____

_____

_____

20___ _____
_____
_____
_____
_____

20___ _____
_____
_____
_____
_____

20___ _____
_____
_____
_____
_____

20___ _____
_____
_____
_____
_____

20___ _____
_____
_____
_____
_____

20___ _____
_____
_____
_____
_____

20___ _____
_____
_____
_____
_____

20___ _____
_____
_____
_____
_____

20___ _____
_____
_____
_____
_____

20___ _____
_____
_____
_____
_____

20___

20___

20___

20___

20___

20___

20___

20___

20___

20___

20___

20___

20___

20___

20___

20 ___

_____

20 ___

_____

20 ___

_____

20 ___

_____

20 ___

_____

20___ _____

_____

_____

_____

_____

20___ _____

_____

_____

_____

_____

20___ _____

_____

_____

_____

_____

20___ _____

_____

_____

_____

_____

20___ _____

_____

_____

_____

_____

20 ____ _____

_____

_____

_____

_____

20 ____ _____

_____

_____

_____

_____

20 ____ _____

_____

_____

_____

_____

20 ____ _____

_____

_____

_____

_____

20 ____ _____

_____

_____

_____

_____

20 ___

20 ___

20 ___

20 ___

20 ___

20___

20___

20___

20___

20___

20____

20____

20____

20____

20____

NOVEMBER 18

20_____ _____

20_____ _____

20_____ _____

20_____ _____

20_____ _____

20___

20___

20___

20___

20___

20 ___

20 ___

20 ___

20 ___

20 ___

20___ _____

_____

_____

_____

_____

20___ _____

_____

_____

_____

_____

20___ _____

_____

_____

_____

_____

20___ _____

_____

_____

_____

_____

20___ _____

_____

_____

_____

_____

20 _____ _____

_____

_____

_____

_____

20 _____ _____

_____

_____

_____

_____

20 _____ _____

_____

_____

_____

_____

20 _____ _____

_____

_____

_____

_____

20 _____ _____

_____

_____

_____

_____

20____ _____
_____
_____
_____
_____

20____ _____
_____
_____
_____
_____

20____ _____
_____
_____
_____
_____

20____ _____
_____
_____
_____
_____

20____ _____
_____
_____
_____
_____

20 _____ _____

_____

_____

_____

_____

20 _____ _____

_____

_____

_____

_____

20 _____ _____

_____

_____

_____

_____

20 _____ _____

_____

_____

_____

_____

20 _____ _____

_____

_____

_____

_____

20___ _____
_____
_____
_____
_____

20___ _____
_____
_____
_____
_____

20___ _____
_____
_____
_____
_____

20___ _____
_____
_____
_____
_____

20___ _____
_____
_____
_____
_____

20 ___ _____

_____

_____

_____

_____

20 ___ _____

_____

_____

_____

_____

20 ___ _____

_____

_____

_____

_____

20 ___ _____

_____

_____

_____

_____

20 ___ _____

_____

_____

_____

_____

20 ___ _____

20 ___ _____

20 ___ _____

20 ___ _____

20 ___ _____

20____ _____

20____ _____

20____ _____

20____ _____

20____ _____

20___ _____

20___ _____

20___ _____

20___ _____

20___ _____

20___

20___

20___

20___

20___

20___

20___

20___

20___

20___

20 _____ _____
_____
_____
_____
_____

20 _____ _____
_____
_____
_____
_____

20 _____ _____
_____
_____
_____
_____

20 _____ _____
_____
_____
_____
_____

20 _____ _____
_____
_____
_____
_____

20____

20____

20____

20____

20____

20____

20____

20____

20____

20____

20___

20___

20___

20___

20___

20___

20___

20___

20___

20___

20_____ _____

_____

_____

_____

_____

20_____ _____

_____

_____

_____

_____

20_____ _____

_____

_____

_____

_____

20_____ _____

_____

_____

_____

_____

20_____ _____

_____

_____

_____

_____

20___

20___

20___

20___

20___

20___ _____

_____

_____

_____

20___ _____

_____

_____

_____

20___ _____

_____

_____

_____

20___ _____

_____

_____

_____

20___ _____

_____

_____

_____

20___ _____

_____
_____
_____
_____

20___ _____

_____
_____
_____
_____

20___ _____

_____
_____
_____
_____

20___ _____

_____
_____
_____
_____

20___ _____

_____
_____
_____
_____

20___

20___

20___

20___

20___

20 _____ _____

_____

_____

_____

_____

20 _____ _____

_____

_____

_____

_____

20 _____ _____

_____

_____

_____

_____

20 _____ _____

_____

_____

_____

_____

20 _____ _____

_____

_____

_____

_____

20___

20___

20___

20___

20___

20 _____ _____

_____

_____

_____

_____

_____

20 _____ _____

_____

_____

_____

_____

_____

20 _____ _____

_____

_____

_____

_____

_____

20 _____ _____

_____

_____

_____

_____

_____

20 _____ _____

_____

_____

_____

_____

20 _____ _____
_____
_____
_____
_____

20 _____ _____
_____
_____
_____
_____

20 _____ _____
_____
_____
_____
_____

20 _____ _____
_____
_____
_____
_____

20 _____ _____
_____
_____
_____
_____

20___

20___

20___

20___

20___

20___ _____
_____
_____
_____
_____

20___ _____
_____
_____
_____
_____

20___ _____
_____
_____
_____
_____

20___ _____
_____
_____
_____
_____

20___ _____
_____
_____
_____
_____

DECEMBER 18

20 ___

20 ___

20 ___

20 ___

20 ___

20 ___ _____

_____

_____

_____

_____

20 ___ _____

_____

_____

_____

_____

20 ___ _____

_____

_____

_____

_____

20 ___ _____

_____

_____

_____

_____

20 ___ _____

_____

_____

_____

_____

20 _____ _____

_____

_____

_____

_____

20 _____ _____

_____

_____

_____

_____

20 _____ _____

_____

_____

_____

_____

20 _____ _____

_____

_____

_____

_____

20 _____ _____

_____

_____

_____

_____

20 _____ _____

20 _____ _____

20 _____ _____

20 _____ _____

20 _____ _____

20 ___

20 ___

20 ___

20 ___

20 ___

20___ _____

_____

_____

_____

_____

20___ _____

_____

_____

_____

_____

20___ _____

_____

_____

_____

_____

20___ _____

_____

_____

_____

_____

20___ _____

_____

_____

_____

_____

20 _____ _____

_____

_____

_____

_____

20 _____ _____

_____

_____

_____

_____

20 _____ _____

_____

_____

_____

_____

20 _____ _____

_____

_____

_____

_____

20 _____ _____

_____

_____

_____

_____

20___ _____

20___ _____

20___ _____

20___ _____

20___ _____

20___

20___

20___

20___

20___

20 ___

20 ___

20 ___

20 ___

20 ___

20 ___

20 ___

20 ___

20 ___

20 ___

20 ___ _____

20 ___ _____

20 ___ _____

20 ___ _____

20 ___ _____

20___

20___

20___

20___

20___

20 _____ _____

_____

_____

_____

_____

20 _____ _____

_____

_____

_____

_____

20 _____ _____

_____

_____

_____

_____

20 _____ _____

_____

_____

_____

_____

20 _____ _____

_____

_____

_____

_____

DATES TO REMEMBER

DATES TO REMEMBER